André MARRAS

EN LETTRES MULTICOLORES

Théâtre (pièce de théâtre de courte durée) :
« Les neuf coups d'Amii Nuit »

Poèmes à dire

Sketchs à l'accent provençal

Paroles de chansons

Textes divers dédiés et/ou avec anecdotes

Notes

Du même auteur, chez le même éditeur

MEURTRE AU PAYS DU VAUTOUR FAUVE (roman policier)

BUREAUX-TOC, BONJOUR ! (comédie composée de saynètes humoristiques)

Mentions obligatoires :

La pièce de théâtre intitulée « Les neuf coups d'Amii Nuit » a été publiée pour la première fois aux Éditions Le Manuscrit (contrat du 10/10/2007).

Quelques poèmes figurant dans ce livre ont été publiés la première fois dans le recueil de poésie intitulé « Peindre le monde en vers » aux Éditions Le Manuscrit (contrat du 26/11/2007).

Ces contrats ont été résiliés le 06/12/2021.

Théâtre

LES NEUF COUPS D'AMII NUIT

PERSONNAGES :

AMII NUIT : jeune fille vêtue d'une robe droite et ample, en satin bleu nuit.

PIERROT : homme vêtu d'un costume de Pierrot, en satin blanc.

DÉCOR : Le fond du décor est un grand mur noir. Devant ce mur, à gauche : un banc blanc. Plus avancée sur la scène et au milieu de celle-ci : une chaise blanche, presque face au public, légèrement tournée vers le fauteuil noir d'Amii. À droite de la table, le fauteuil d'Amii Nuit, presque face au public, légèrement tourné vers la chaise. Le dos de ce fauteuil a été surélevé pour que puisse y figurer la pendule ronde, dont le fond est blanc et dont les douze chiffres ainsi que la seule grande aiguille sont noirs. Au milieu de la table : une boule de cristal. Le gong, de couleur argent, est à droite du fauteuil d'Amii. La baguette du gong reste à portée de main d'Amii.

DURÉE : 25 minutes.

*Au lever du rideau, assise sur son fauteuil, Amii fixe
la boule de cristal qui éclaire son visage. Au fur et à
mesure que la lumière de la boule diminue d'intensité,
une autre lumière, de plus en plus puissante,
ensoleille le côté gauche des coulisses. Au moment où
la boule de cristal s'éteint, Amii lève la tête et,
appuyant son dos sur celui du fauteuil, attend
paisiblement l'arrivée de Pierrot. Ce dernier ne tarde
guère à faire son apparition. Sur son visage se lit
l'étonnement. Il vient de la lumière et se retourne
pour contempler ce soleil qui semble se coucher
progressivement, jusqu'à ne laisser sur les lieux qu'un
éclairage de pleine lune. Pierrot regarde autour de lui
et aperçoit Amii pour la première fois.*

PIERROT - Qui es-tu, jeune fille ?... Et que fais-tu dans
mon rêve ?

AMII - Je suis Amii... Amii NUIT.

PIERROT (*moqueur*) - Amii Nuit ! Autant dire l'heure du
crime.

AMII (*souriant gentiment*) - Tu es plutôt gai, pour un
Pierrot !

PIERROT (*surpris*)- Pierrot ?!... Pourquoi m'appelles-tu
Pierrot ?

AMII - Regarde-toi !

PIERROT (*s'examinant, déconcerté par son accoutrement*)
- qu'est-ce que c'est que ça ?

AMII - C'est un costume de Pierrot. Un de plus dans ta
collection.

PIERROT - Quelle collection ?

AMII - Ta collection de Pierrots.

PIERROT - Je n'en ai pas.

AMII - Tu en auras.

Pierrot se gratte la tête.

PIERROT - Drôle de rêve !

AMII - Tu ne rêves pas, Pierrot.

PIERROT - Qu'est-ce que c'est que cette histoire ?

AMII - C'est ton histoire… ou plus exactement tes histoires.

PIERROT - C'est gentil à toi, Amii.

AMII - Quoi donc ?

PIERROT - Oui. C'est gentil à toi d'essayer de m'expliquer cette espèce de rêve…

AMII - Cette histoire.

PIERROT - Cette histoire, si tu veux… mais plus tu m'en parles et moins je comprends.

Pierrot s'assied sur la chaise.

AMII - N'aie crainte ! Laisse faire le temps…

Amii se lève du fauteuil, met l'aiguille de la pendule sur le 5, prend sa baguette et se dirige vers le gong.

AMII - … Peu à peu, tu comprendras !

Elle donne le premier coup de gong, puis va s'asseoir sur le banc.

PIERROT (*observant Amii*) – bizarre !… (*au public*)
Bizarre, bizarre !

Il se lève et se dirige vers le public.

PIERROT (*au public*) – tout est bizarre, ici… et
pourtant, Amii a raison. Je ne rêve pas. Je sais que je
ne rêve pas.

Il réfléchit.

AMII – Que dis-tu ?

PIERROT (*se retournant vers elle*) – Je dis que je ne
rêve pas, et pourtant…

AMII – … Et pourtant tu dormais avant notre rencontre.

PIERROT (*stupéfait*) – vrai ! Je dormais. Maintenant, je
m'en souviens très bien. Je dormais… Puis je me suis
tellement étouffé que j'ai cru mourir…

AMII – Tu n'as pas cru mourir, Pierrot… (*finissant sa
phrase en prononçant ses mots lentement et
distinctement*) tu es mort !

Silence.

PIERROT – Je suis mort. (*au public*) vrai ! Je suis mort.
Ce que m'annonce Amii peut vous paraître absurde… et
devrait me paraître absurde… Cependant, je la crois.
Une force en moi me pousse à la croire.

AMII – Souviens-toi, Pierrot. Viens prendre place sur
ce banc, à côté de moi.

Pierrot s'exécute

AMII – Souviens-toi. Raconte-moi ta mort.

PIERROT - D'accord ! Je dormais, donc. Tout d'un coup, je me suis étouffé, étouffé, étouffé. Puis ça s'est arrêté net. Et je me suis senti léger, léger… Je volais. Je partais. Je savais que je partais… D'un départ définitif. Alors, j'ai voulu me retourner. Voir une dernière fois le décor de ma chambre à coucher. Sur mon lit, un homme était allongé. Que fait ce type sur mon lit ? Telle aurait été la question que je me serais posée… si je ne m'étais pas reconnu. Car, ce type… sur mon lit :… c'était moi !… La surprise passée, je me suis observé.

AMII - Quel est le souvenir qui t'a le plus frappé ?

PIERROT - C'est au moment où j'ai découvert la forme de mon visage. Jusqu'ici, je n'avais vu de mon visage que des images plates. Ces images que me renvoyaient bêtement les miroirs, sans réfléchir. Ces images photographiées, filmées sans relief, des images fausses de mon visage.

AMII - Et ton visage t'a plu ?

PIERROT - Oui.

AMII - Et ensuite ?

PIERROT - Ensuite, je suis parti. Je volais, volais, volais. Sans effort. Transporté par une force, transporté de bonheur par une force bénéfique. Cette même force était déjà en moi quand je volais. Et, en fait, ce n'était pas moi qui volais, mais c'est elle qui m'attirait vers la lumière. Cette lumière que j'ai vue grandir, grandir, grandir… Puis que j'ai atteinte… et enfin traversée pour arriver jusqu'à toi.

AMII (*tout en parlant, elle se lève et met l'aiguille sur le 6*) - Tu commences à comprendre. Une étincelle dans ton esprit et, déjà, je te sens plus assuré.

Amii prend sa baguette et donne le deuxième coup de gong. Pierrot l'observe.

AMII (*sentant le regard de Pierrot sur elle*) - D'autres questions ?…

PIERROT - Oui.

AMII - Vas-y, je t'écoute.

PIERROT (*hésitant*) - Si je t'ennuie avec mes questions…

AMII (*souriante*) - ai-je l'air de m'ennuyer ?

PIERROT - Non.

AMII - Alors, pose tes questions. (*plaisantant*) Nuit est mon nom… mais, pour toi, je me ferai lumière.

PIERROT - Bon. Ma bonne Amii, ou ma petite Amii… ou amie Amii, lumière de nuit…

AMII - Oui ?…

PIERROT - … J'aimerais savoir…

AMII (*continuant la question de Pierrot*) - … Pourquoi n'y a-t-il qu'une aiguille à ma pendule ?

PIERROT (surpris) - Tu lis dans mes pensées ?

AMII - Je n'en ai pas besoin. Cette force qui t'a poussé à me croire, qui sème en toi les questions que tu me poses… Cette force est aussi en moi et, au fur et à mesure du temps et des questions, c'est elle qui me souffle les réponses à ces questions… (*revenant au sujet*) pourquoi n'y a-t-il qu'une aiguille à ma pendule ?… Parce ce qu'elle ne nous livre qu'une seule information !

PIERROT - Les heures ou les minutes ?

AMII - Les mois.

PIERROT (*étonné*) - Les mois ?!

AMII - Oui. Les mois tournent très vite, ici. D'ailleurs, la voix me parle. Il est temps d'avancer la pendule.

Elle met l'aiguille sur le 7.

PIERROT - Une voix !?… Quelle voix ? Je n'ai rien entendu, moi !

AMII - Je suis seule à entendre la voix intérieure qui me signale le passage d'un mois.

Elle donne le troisième coup de gong.

AMII - Juillet !

PIERROT - Déjà ?

AMII - Eh, oui ! Ici, c'est la nuit, mais sur notre coin de Terre, c'est la saison du Soleil.

PIERROT - Notre coin de Terre, dis-tu !? Viens-tu de la Terre, toi aussi ?

AMII - Oui. Comme toi.

PIERROT - Mais… Que fait-on ici ?… Sommes-nous destinés à compter ces mois, qui ne durent tout au plus que cinq minutes ?… Peut-être es-tu venue pour me former afin que j'accueille, comme toi, ceux qui franchissent la lumière ?… (*plaisantant, à Amii*) J'espère que c'est bien payé, au moins ?!… (*au public*) Sur notre planète, une situation analogue m'aurait rendu fou. Ici haut, avec Amii, je suis bien. Vrai ! Même si tout cela me semble bizarre, je suis bien. (*à Amii*) As-tu demandé à la voix intérieure : qui est la lumière ?… Où sommes-nous ?… Quel âge avons-nous ?… (*plaisantant*) Au train où vont les mois, nous ne profiterons guère de la retraite !

AMII - La voix intérieure ne me révèle que ce que je dois savoir. Elle me parle, mais ne peut m'entendre. Je l'entends, sans pouvoir lui parler.

PIERROT (*continuant dans la plaisanterie*) - faites-vous installer le téléphone !

AMII (*souriante*) - saurais-tu garder ton sérieux cinq minutes ?

PIERROT (*éclatant presque de rire*) - Ah ! Cinq minutes, ici : impossible !

Amii met l'aiguille sur le 8, prend sa baguette et se dirige vers le gong.

PIERROT - Août ! Enfin, les congés ! (*plaisantant*) chaque année, je prends mes congés au mois d'août. J'ai donc droit à cinq minutes de repos.

Pierrot se croise les bras et s'avachit sur sa chaise. Amii donne le quatrième coup de gong. Au son du gong, Pierrot redevient sérieux et s'assied correctement.

PIERROT (*surpris*) - Que m'arrive-t-il ?

AMII - Quatre mois.

PIERROT - Comment ?

AMII - Quatre mois depuis la traversée de la lumière. Le moment est venu.

PIERROT - Je vais savoir ?

AMII - Oui.

Un temps.

PIERROT - C'est pour cette raison que je n'ai plus envie de plaisanter ?!

AMII - Exactement. Sache qu'ici, personne ne vieillit. Tout le monde attend. Quatre mois depuis la traversée de la lumière, lumière que tu traverseras à nouveau dans cinq mois.

Un temps.

PIERROT - Pour aller où ?...

AMII - Pour renaître sur notre Terre.

PIERROT (*réfléchissant tout haut*) - quatre mois... cinq mois... neuf mois en tout...

AMII - C'est ça ! Ça correspond au temps que met ton prochain corps à se former dans celui de ta prochaine mère.

Un temps.

PIERROT (*ahuri*) - Je vais être réincarné ?

AMII - Oui.

PIERROT (*étonné*) - ça, alors !... Pourquoi ?

AMII - Je n'en sais rien.

PIERROT (*curieux*) - regarde dans ta boule de cristal !

AMII - Nous n'en saurons pas davantage. La force et la voix intérieure mènent le jeu. Elles nous dirigent et nous ne pouvons que les suivre. Nous n'avons pas le choix.

PIERROT - À quoi te sert cette boule de cristal si tu n'en as aucune utilité ?

AMII - Détrompe-toi. D'abord, pourquoi crois-tu m'avoir posé cette question ?

PIERROT - Parce que j'en avais envie.

AMII - Non ! La voix intérieure te l'a murmurée à l'oreille. La force est allée puiser cette phrase en toi et l'a fait sortir de ta bouche.

PIERROT (*résigné*) - Bon, si tu veux… mais tu n'as pas répondu à la question. Que vois-tu dans ta boule de cristal ?

AMII - Approche ta chaise de la table !

Pierrot s'exécute.

AMII - Fixe bien ton regard sur cette boule. Elle s'allumera deux fois pour toi.

Amii se concentre et parle à la boule.

AMII - Boule, boule de lumière, allume-toi une première fois !

La boule s'éclaire progressivement. Amii et Pierrot ne quittent pas des yeux cette boule de feu, qui reste un instant allumée à la même intensité, puis s'éteint peu à peu, puis complètement.

AMII (*une fois la boule éteinte*)- parlons de cette première image !

PIERROT (*les yeux écarquillés*)- Un chien !… Un petit chien tout poilu qui mordait tout le monde. Voilà ce que j'ai vu.

AMII - Et alors ?

PIERROT (*regardant Amii*)- alors, si j'étais au Cinéma, je demanderais le remboursement de mon billet.

AMII - Pourquoi ?

PIERROT - Parce que j'ai été abusé par une publicité mensongère.

AMII - Crois-tu ?

PIERROT - Et comment ! Tu joues avec ta boule de cristal. Tu me mets l'eau à la bouche en me laissant supposer une découverte extraordinaire. Et tout ça pour quoi ?… Pour m'envoyer l'image d'un enragé de petit chien poilu.

Amii, souriante, met la pendule sur le 9 et prend sa baguette.

AMII (*s'adressant à Pierrot tout en se dirigeant vers le gong*) - D'après toi, qui était ce petit chien ?…

Amii donne le cinquième coup de gong.

AMII (*revenant vers Pierrot*) - Ce vilain petit toutou… c'était toi !

Amii place la baguette près de la bouche de Pierrot. Ce dernier prend la baguette entre ses dents, à la manière d'un chien qui tient un os dans sa gueule.

PIERROT (*levant la baguette de sa bouche pour la poser sur la table*) - Un chien ?

AMII (*amusée*) - oui.

PIERROT (*plaisantant*) - Je vais devenir chien ! Mais c'est à devenir chèvre !

AMII (*souriante*) - Tu ne deviendras pas chien. Tu as été chien.

PIERROT - Ça, alors !... J'ai déjà vécu avant cette vie ?

AMII - Oui !

PIERROT - Combien de fois ?

AMII - Je ne sais pas.

PIERROT - En chien !... En chimpanzé, peut-être ?...

Il lève le bras gauche et, avec la main droite, se gratte sous le bras en poussant quelques cris de singe.

AMII (*levant les yeux au ciel*) - arrête un peu tes singeries ! Tu arrives trop tard pour embarquer sur l'Arche de Noé.

PIERROT (*sérieux*)- En chien, bon ! En quoi encore ?

AMII - Je n'en sais rien. Tu n'as droit qu'à deux images, et je ne reçois de réponses qu'à travers ces deux images, et rien d'autre.

PIERROT (*plaisantant*)- quelle vie de chien ! Dis-moi tout ou je mords !

AMII - Ta vie de chien date déjà de quelques vies. Petit chien, tu mordais. Ceux qui avaient la mauvaise idée de se promener devant ton museau se sont souvenus de toi et de tes crocs. Et dans tes vies, il t'arrivera d'avoir des envies de mordre.

Amii prend la baguette et donne un petit coup à Pierrot.

PIERROT - Aïe !

AMII (*s'amusant*) - Couchez, sale bête !

PIERROT (*se prêtant au jeu*) - J'irai me plaindre à la société protectrice des chiens enragés.

Ils rient. Amii met la pendule directement sur le 11, sous le regard étonné de Pierrot, et donne le sixième, immédiatement suivi du septième coup de gong.

PIERROT - Tu as sauté un mois !?

AMII - Oui. Octobre et novembre sont passés.

PIERROT - C'est toujours comme ça ?

AMII - Non, ça varie. Quelquefois, j'avance de neuf mois la pendule et je frappe les neuf coups sans rencontrer le voyageur.

PIERROT - Pourquoi ?

AMII - Je n'en sais rien.

Un temps.

PIERROT - Nous devons sûrement nous rencontrer dans une vie future.

AMII - Je le crois aussi.

PIERROT - Qu'est-ce qui te fait dire ça ?

AMII - Il est rare que je tutoie le voyageur. Nous nous sommes tutoyés tout de suite.

PIERROT - Vrai ! J'ai, moi aussi, cette impression que nous serons très proches.

AMII - Voyons la deuxième image, si tu le veux bien. Elle nous dévoilera peut-être un indice sur notre futur lien.

PIERROT - D'accord ! Allons-y !

Amii se concentre et parle à la boule.

AMII - Boule, boule de lumière, allume-toi une deuxième fois !

La boule s'éclaire progressivement... reste un moment à la même intensité... puis s'éteint peu à peu... puis complètement. Amii et Pierrot quittent la boule du regard.

AMII - Qu'as-tu vu, cette fois-ci ?

PIERROT (*heureux, encore sous le choc de sa vision*) - J'ai découvert une femme qu'il me semble connaître. À son apparition, mon cœur s'est enflammé de joie. (*à Amii*) qui était-ce ?

Pierrot dévisage du regard Amii avec insistance.

AMII (*observant Pierrot depuis la fin de la vision*) - Ce n'était pas moi.

Un temps.

PIERROT (*reprenant ses esprits, comme sorti d'une hypnose*) - Je sais.

Un temps.

PIERROT - J'ignore comment je sais… mais je sais. (à Amii)Toi, je t'aimerai très fort, mais pas du même amour que celui que j'éprouve pour cette femme.

AMII - Cette femme s'appelait Pierrette.

PIERROT (rêveur) - Pierrette !

AMII - Tu l'as connue bien avant ta dernière vie.

PIERROT - M'a-t-on fait Pierrot par rapport à Pierrette ?

AMII - Exactement. Tu es le résultat de ton vécu. Le vécu de tes vies antérieures. Du chien, tu garderas des envies de mordre. De ta Pierrette vient ton goût à collectionner les Pierrots. D'être mort étouffé, il t'arrivera de suffoquer un tantinet, en enfilant trop lentement un pull-over, par exemple. Et j'en passe… Le bien que tu as semé te reviendra en bien, et, quant au mal, même s'il te reste encore quelques factures à régler, cette vie te permettra de retrouver le grand Amour. Sois heureux ! Ta Pierrette est de retour !

PIERROT - Vrai ! (ivre de joie) Le grand Amour ! Dis-moi encore. Parle-moi d'elle, je t'en prie !

AMII - Elle est née ce mois-ci.

PIERROT - Je serai plus jeune qu'elle.

AMII (embarrassée) - Que lui !

Amii met l'aiguille sur le 12 pendant que Pierrot se rassoit, effondré.

PIERROT - Que lui ?

AMII - Ta Pierrette a été réincarnée en garçon.

PIERROT - Ma Pierrette… un garçon !?

Amii donne le huitième coup de gong.

AMII (*observant Pierrot*)- qu'y a-t-il,Pierrot ?

PIERROT - Ma Pierrette sera un Pierrot.

AMII - Et alors ?

PIERROT (*choqué par la question*) - Et alors ?… Tu es marrante, toi. J'ai beau être large d'esprit, ça me fait tout drôle d'apprendre que je vais virer de bord.

AMII - Virer de bord ?

PIERROT - Oui !

Pierrot se lève et s'avance vers le public en caricaturant un homosexuel très maniéré.

PIERROT - Bonjour, Pierrot ! Moi, c'est Pierrot ! Oh, écoute. Je suis de plus en plus distraite. Plus je pense à toi, et plus je suis dans la lune… Voudrais-tu que, passagers d'un engin interplanétaire en forme de croissant, nous nous envolions telles des abeilles pour aller butiner notre lune de miel ?…

AMII (*amusée, interrompant la comédie de Pierrot*) - Pierrot !

PIERROT (*continuant son jeu*) - plaît-il ?

AMII - Tu ne deviendras pas homosexuel… Toi aussi, tu changeras de sexe.

PIERROT (*assommé par la nouvelle, après s'être assis*) - toi alors ! Tu me tuerais, si ce n'était déjà fait.

AMII (*souriante*) - remettez-vous, mademoiselle !

PIERROT - Pas si vite ! Laisse-moi le temps de m'y faire.

AMII - Je ne peux pas, décembre est déjà là !

PIERROT - Eh, oui ! Décembre. Noël. J'en conclus donc que je ne me réincarnerai pas en Père Noël, puisque je serai Maman.

AMII (*souriante*) - évidemment.

PIERROT (*réalisant ce qu'il vient de dire*) - Je serai Maman ?... Je donnerai le jour ?... Réponds-moi, s'il te plaît ?

AMII - Oui !

PIERROT (*heureux*) - C'est merveilleux !... Vois-tu, les femmes supportent, tout au long de leur vie, beaucoup plus de malheurs que les hommes. Du moins, c'est ce que je pense. Mais elles ont en revanche le plus grand des bonheurs... Elles donnent la vie.

Amii place l'aiguille sur le 1.

PIERROT (*sorti de ses pensées*) - Que fais-tu, Amii ?

Elle se dirige vers le gong.

AMII - C'est l'heure... ou plutôt le mois !

Elle donne le neuvième coup de gong.

PIERROT - Attends ! Que sommes-nous l'un pour l'autre ?

AMII - Quelle importance ! Une fois nés, nous ne nous souviendrons, ni l'un, ni l'autre, de cette conversation.

PIERROT - Et tu n'aimerais pas savoir ?

AMII - Si ! Mais si la force et la voix intérieure ne nous répondent pas, cela signifie que nous n'aurons pas de réponse.

PIERROT - Bon… alors… à bientôt !

AMII - À plus tard.

PIERROT - Quand viendras-tu ?

AMII - Quand mon temps sera venu.

PIERROT - En voilà une réponse ! Pourrais-tu préciser ?

AMII - Non. Je ne le sais pas encore.

La lumière, à gauche de la scène, se fait de plus en plus forte. Pierrot fait face à Amii, mais recule peu à peu, attiré par la lumière.

PIERROT - La force m'attire vers la lumière !

AMII - C'est normal !… Tu vas naître !

PIERROT (*continuant à reculer*) - qui es-tu ?… Dis-le-moi… Puisque j'aurai tout oublié dans un instant. Dis-le-moi, s'il te plaît !…

AMII - Au revoir… Maman !

PIERROT (*surpris, puis heureux*) - À bientôt, ma fille !

Pierrot disparaît. La lumière s'éteint. Amii, émue, reste figée.

RIDEAU

Je (l'auteur, "Pierrette")
dédie cette pièce de Théâtre
à Marcelline ("Pierrot")
et à Cynthia ("Amii")

Poèmes à dire

LE CHOIX D'HÉLÈNE

Croyant que sagement conviés au festin,

Les Troyens s'attablaient, tous unis dans l'ivresse,

Ménélas ne vit pas sa femme pécheresse

Croquer la pomme au cœur d'un plaisir clandestin.

Redoutant son époux, l'avenir incertain,

Devenant de Pâris la superbe maîtresse,

Hélène avait voulu, de peur que ne se dresse

Un faux ménage à trois, transformer son destin.

N'ayant pas mesuré l'ampleur de cette haine

Qui grossirait bientôt, elle semblait sereine

Au bras de son amant, de son bel étalon.

Faisant fi du vieux grec et de l'œil qui foudroie

Cette remariée au temple d'Apollon,

Elle allait vivre à deux son grand Amour à Troie.

LES YEUX PLEINS D'ÉTOILES

Près de l'Arc de Triomphe, en plein cœur de Paris,

J'aimerais contempler le ciel rempli d'étoiles,

Sur des points scintillants, pouvoir lever les voiles

Afin d'y découvrir nos défunts tant chéris.

Au-dessus du « Français », le soleil de Molière

N'a jamais disparu ; mais, du fond de la nuit,

Nous fera-t-il l'honneur de paraître aujourd'hui,

Sortant de son rideau de scène hospitalière ?

Restant dans l'atmosphère au parler d'Arletty,

Verrais-je à Notre-Dame un reflet de Gavroche

Sur un vitrail vibrant par le son de la cloche

D'un vieux Quasimodo jouant pour ce titi ?…

Soudain, La Voie enfin, éclectique et Lactée,

Se présente à mes yeux comme un cadeau béni.

Entrant dans le réel, le miracle est ici ;

Sa vue éblouirait l'homme le plus athée.

Alors, le music-hall s'enflamme au Paradis.

Sur l'un des deux amours de notre perle noire,

Mistinguett apparaît dans sa robe de moire

Aux bras de chevaliers, prospères et hardis.

Rudolf, sur l'Opéra, se déplace en cadence,

Et ce beau météore à ce jeu me ravit.

Un projecteur d'argent s'éclaire sur Romy,

La fleur des neiges vient se fondre dans la danse.

Le réveil, tout à coup, s'anime près du lit,

Décevant mon regard, orphelin de ce rêve ;

Or, pour m'en souvenir, en vers je me soulève

Dans un voyage astral vers celui qui me lit.

ALPHABÊTISES

Adam rédige en vers le sourire bé**at**

Bleuissant le papier d'un drôle d'alpha**bet**

Ces jeux l'amusent tant qu'il ne peut s'en pa**sser**

Dans ses mots débri**dés**

Écarquillent des **œufs**

Fleurissent bien des gr**effes**

Gazouillent bien des **jets**

Habité par sa t**âche**

Il allume ébah**i**

Juste quelques bou**gies**

Kidnappe quelques **cas**

Les voit de sa chand**elle**

Mariant ceux qu'il **aime**

Notre ami fuit la **haine**

On l'a trop mise en **haut**

Préférant dire en **paix**

Que pleurer en vain**cu**

Retournant à ses **airs**

Sa muse l'intér**esse**

Taquine elle a tein**té**

Une vision qu'il **eut**

Voyageur déla**vé**

Wagon qu'un **doux bleu vêt**

Xénophile accueillant des étrangers sans r**ixe**

Yvan parti de Sparte écarté du n**id grec**

Zacharie et Zora tous heureux de ce**s aides**

JE SUIS CONTRE

Je suis contre et pourtant ça ne m'empêche pas,
Hier comme aujourd'hui de chanter « Que je t'aime ».
De ton cœur à ton corps, je touche à chaque thème,
De tes gâteaux d'enfer à tes divins repas.

Je suis contre et pourtant tu marches sans faux pas.
Comment pourrais-je un jour te jeter l'anathème ?
Au sein d'un mariage ou bien lors d'un baptême,
Tu sais briller sans mal, sans forcer tes appas.

« - Alors quel est le but de tout ce bavardage ?
Pour monter un bateau, tu pars à l'abordage ?…
Sur quoi t'insurges-tu ? », t'entends-je répartir.

Je te réponds sans fard que dès notre rencontre
J'allais comme un aimant près de toi me blottir ;
Et, depuis ce temps-là, je suis resté tout contre.

JE T'OFFRIRAIS...

Je t'offrirais mon nom lors d'un beau mariage

En fêtant notre Amour pour la Saint-Valentin,

Ma vie accueillerait le sourire enfantin

D'un cadeau de six ans marchant dans ton sillage ;

Au-dessus de la mer, nous irions en voyage

En Afrique du Nord, loin du pays latin,

Pour y voir le soleil resplendir le matin,

Le Sahara vêtir son plus bel habillage ;

Dans un joli berceau, suivant d'autres poupons,

Viendrait le petit-fils aux yeux déjà fripons,

Bien plus fort que Phébus pour te prendre une larme ;

Et malgré les tracas conjuguant l'imparfait,

Je partagerais tout, sans regret, sans alarme,

Si ce chemin, mon cœur, nous ne l'avions pas fait.

AU GALA DE MA GALAXIE

Lors d'un rêve interplanétaire,

J'annonçais sur engin volant

Ma croisade publicitaire

Pour un spectacle étincelant.

« - Vous goutterez au succulent

Récit d'Étoile du Messie

Dans un décor de Noël blanc,

Au Gala de ma galaxie ! »

Je poursuivais ce commentaire,

Dans l'Univers caracolant.

Mon porte-voix n'irait se taire

Qu'aux abords de l'Astre brûlant.

« -Vous entendrez le nonchalant

Chant que partout l'on apprécie

De la « Star » blonde au port moulant,

Au Gala de ma galaxie ! »

Pour l'éternel retardataire,

Sourd au discours non-violent,

D'un « numéro » supplémentaire

Je réveillais le somnolent.

« -Vous y reverrez le talent

D'un danseur venu de Russie

Sur un lac au signe excellent,

Au Gala de ma galaxie ! »

ENVOI

« - Seigneur, pour ce songe opulent,

Permets que je te remercie !

L'Art se fit homme en s'en allant

Au Gala de ma galaxie ! »

LA BOMBE PACIFIQUE

Par la voie « Internet », on peut dorénavant
Avoir de l'attentat le petit fascicule.
Informé du poison que ce site inocule,
Xavier dans l'ombre joue à l'éminent savant ;

Mais dans sa mine d'or, il insère en rêvant
L'éclat de rire au sein d'un « anti-canicule »,
Une halte au malheur qui sans cesse circule,
Afin d'aller en paix vers chaque être vivant.

Alors, adieu désert des tombes atomiques !
Finis, les pleurs du ciel ! Plus de larmes chimiques
Grâce au choc qui guérit l'homme disgracieux.

Les pierres qu'on jetait serviront de montjoie,
L'Amour touchera tout de son silencieux…
Pour que le Monde enfin puisse exploser de joie.

MENSONGE ALIMENTAIRE

Quand, devant mon bouillon, je prenais l'air souffrant,
Une voix s'élevait, vantant la nourriture,
Pour souffler en douceur que, grâce à sa mixture,
Mon corps, par cet apport, allait devenir grand.

En enfant sage enfin, j'écoutais mon parent…
Mais il m'a bien menti. Quelle déconfiture !
Levant les yeux pour voir la moindre créature,
Au milieu d'un public, je reste transparent.

Mes amis vous diront : « - Pour sûr, il exagère !
Et d'un oncle étant né près de la « Bonne Mère »,
Sans doute il hérita du généreux humour. ».

À ma douce Maman, qu'on prénomme Simone,
J'adresse un petit mot de pardon plein d'amour :
« Je ne peux t'en vouloir : ta soupe était si bonne ».

LE VIADUC DE MILLAU

Certes ce viaduc honore la technique.

Au décor de Millau s'ajoute sa beauté.

Sur la route du ciel, avec dextérité,

Le Français, plein d'orgueil, « roule sa mécanique ».

Il est vrai qu'à ce jour, l'œuvre élance l'unique,

L'immense raccourci de cette qualité.

Par l'excellent labeur sur la sécurité,

Pour monter à son bord, personne ne panique.

Mais tout en saluant l'effort des travailleurs

De ce Massif central et d'Europe ou d'ailleurs,

J'impute à leur passif tout de même un reproche…

À l'écho de leur voix, mon poème répond.

Malgré son sérieux, chaque acteur se raccroche

À ce but rituel : il veut faire le pont.

ELLE A RI

Elle a ri de mes vers, la reine,

Qui de mon cœur est souveraine ;

Lorsqu'à mon chant d'apéritif,

J'ai cru son air admiratif

Jusqu'à ce que je la surprenne.

Cette chanson contemporaine

Eut mérité qu'elle réfrène

Sa moquerie au son fautif.

Elle a ri.

Contrarié par ma sirène,

J'ai, comme on dit, cassé la graine ;

Puis, au moment du digestif,

Visant le cœur, démonstratif,

J'ai récité ; mais, là, sereine,

Elle a ri.

Sketchs à l'accent provençal

LE POMMIER FARCEUR

Planté au milieu de la scène, bras en croix, un pommier-comédien parle au public avec l'accent provençal.

« - Quoi, un pommier qui parle ?! Quoi, un pommier qui parle ?!… Ça vous dérange ?… Et voueï je parle ! Et je parle même le français de Marseille, comme mon maître, le paysan. Et même qu'en plus d'être paysan, il est boucher du Rhône, mon maître ! Alors c'est quêqu'un », hè ?! Pourquoi maintenant tout le monde sait que les plantes vivent. Alors, mon maître, quand il a su ça, il est venu me trouver et il m'a dit : « - Oh, Bicou !? Qu'est-ce que j'apprends ?… Tu vis comme moi, tu « réactionnes » comme moi… et moi que je te dis toujours des gentillesses, et que je te soigne, et tout et tout… Bon, d'accord, tu me donnes de belles pommes : ça prouve que tu m'aimes bien ! Mais pas un mot de gentil… Rien ! Qu'est-ce que tu as ? Tu me boudes ? Hè ?… » Eh ! Quand je l'ai eu en face de moi, ce brave homme, j'ai pas pu m'empêcher de lui répondre : « - Et non, mon bon maître, que je te boude pas. Mais, normalement, j'ai pas le droit de te parler. Si Dame Nature l'apprend, il risque de m'arriver des bricoles. » Alors il m'a promis de tenir sa langue, et maintenant c'est un secret entre nous. Beaucoup… Voueï, c'est beaucoup que je l'aime, mon maître. Presque autant que la petite maîtresse, alors ! Pas autant quand même, mais pas loin. Et voueï, vous comprenez, elle… C'est pas pareil… Et que j'entende pas un couillon me dire « - Oh, ce pommier ! C'est remarquable ! Il est presque capable de ressentir des sentiments humains ! »... Et les plantes, et les animaux, et tout le reste ?! Qu'est-ce que tu en fais, couillon de la lune ? Le sentiment, n'en déplaise à Môssieur, c'est plus qu'humain, c'est NA-TU-REL ! Voilà, c'est bien fait ! Fallait pas m'énerver... Té, du coup, je me rappelle plus... Ah, voueï, ça y est ! La petite maîtresse !... Oh, elle... Elle, c'est pas pareil. Elle, je l'ai vue grandir pourquoi chaque fois qu'il fait beau, elle vient s'asseoir et elle s'appuie contre moi... Maintenant, elle lit ou elle écoute la musique... Mais avant, quand elle jouait à la poupée, elle était trop pitchounette pour attraper mes pommes. Alors... lorsqu'elle essayait d'en attraper une... et que je voyais qu'elle y était presque :... je m'arrangeais pour qu'elle puisse la cueillir, sa pomme. Quand le vent me chatouillait les branches, c'était un jeu d'enfants : je faisais l'arbre qui se plie un peu plus que les autres. Mais lorsqu'il n'y avait pas un brin de mistral, là, c'était autre chose : je me penchais... tous doucement, tout doucement, pour pas qu'elle s'en aperçoive. Ah, c'est bien vrai que je l'aime, ma petite maîtresse. Quoiqu'en ce moment, je l'aime un peu moins que d'habitude. Depuis quelque temps, elle écoute toujours le même disque, là... et dans ce disque, il y a toujours cette petite phrase qui revient, là : « tu vois : je suis planté, planté, planté... ». Alors mon rêve à moi, ça serait de pouvoir me déplacer pour aller de temps en temps retrouver de la famille ou des cousins de la forêt... Et je le vois bien, je le sais que je suis planté. C'est pas la peine de me le rappeler, de me remuer le couteau dans l'écorce ! Tiens, à propos, s'il y en a un que je peux pas me voir : c'est bien le fils. Oh, qué tronche d'api, celui-là ! À chaque fois qu'il a une nouvelle nénette, ils se radinent tous les deux… et lui : il m'estropie ! « Avé » son couteau, il me fait des tatouages, Il me dessine un petit cœur, percé par une petite flèche… et après, il ajoute les initiales. Et, en plus, il dessine comme un cochon, cet artiste écœurant ! Alors ça m'énerve, et quand je m'énerve : j'ai les pommes qui s'empoisonnent, et le premier couillon qui passe, té, il y a droit… Il a droit à ma farce favorite. Bé té, j'en vois un qui arrive. Vé, ça marche à tous les coups.

Le pommier interpelle un passant imaginaire.

Oh ? L'homme ! On promène ?… Et vouéï je parle ! Laisse-moi au moins ça, non ?! Je peux pas marcher, je peux pas courir ; si,en plus, tu me coupes la parole : qu'est-ce qui me reste à moi, oh ?… Eh non, je plaisante ! Allez zou, mange une pomme, c'est ma tournée… Empoisonnées ? Mes pommes empoisonnées ? Où t'as vu ça ? Dans un dessin animé, dans Blanche-Neige ? … Allez, te fais pas prier !

Le pommier regarde le passant cueillant la pomme.

Ah ! Tu l'as quand même prise, cette pomme !… Allez, croque, Monsieur, croque !… Et toc ! Un de moins.

Le dangereux farceur s'adresse au public pour conclure.

Qu'est-ce que je vous disais ?! On a beau faire la plus vieille farce du monde… On trouvera toujours un pauvre couillon pour croquer la pomme.

LA MARCHANDE DE LAITUES

Avec son accent provençal, la marchande de laitues lance son cri devant son étal, sur le cours Lafayette, à Toulon.

« - Laitues, laitues, laitues ! Elles sont bien belles, mes laitues ! L'es-tu, l'es-tu, l'es-tu ? Oui, je le suis ! Je suis contente de mes laitues ! »

Elle s'adresse à un client.

Adieu, Monsieur Bébert, comment va ?... Té, vé, servez-vous !... Oh, non !

Elle se force à rire.

Oh ! Oh ! Oh ! Ce Monsieur Bébert ! Qué fadoli !... Voueï, c'est ça !... Allez, au revoir, Monsieur Bébert, et le bonjour à votre dame, hé ?!...

Elle suit du regard le départ de Monsieur Bébert, puis discute avec sa voisine de travail.

Non, c'est encore une blague à lui, ça ! Il enquiquine tout le quartier avec ses galéjades. Tous les jours, depuis trois semaines, à chaque fois que cette espèce d'arapède discute de ses brailles de débraillé, il dit : « - l'es-tu, les-tu, l'es-tu ?... Plus beau que moi tout nu ? », tout fort, devant tous mes clients. Et après, il s'estrasse de rire à se faire péter l'embouligue.

La marchande aperçoit des clients éventuels.

Tu m'excuses, ma belle, j'ai peut-être du monde. Allez, zou, je pousse le cri :

« – laitues, laitues, laitues ! Elles sont bien belles, mes laitues ! L'es-tu, l'es-tu, l'es-tu ? Oui, je le suis ! Je suis contente de mes laitues ! »

Eh bé ! Ça vient pas encore ! De quoi on parlait déjà ? … Ah, voueï ! Et puis moi, quand on me parle de Môssieur Bébert, moi « faites gaffe, hé ? » que je réponds, pourquoi c'est un drôle de pistachier, celui-là, vé ! Tu sais, moi aussi, je choisis mes habits au même endroit que lui, mais pas dans le même genre, eh ! « Entention » ! Et alors, l'autre jour, pendant que j'étais en train de choisir une belle cape, tu sais, une cape haute anglaise, qui je me vois pas en train de tripoter des petites culottes ?… Devine qui ?…

Elle aperçoit quelqu'un.

Madame Nine !…

Elle répond à sa voisine.

Mais non, ma belle, qu'est-ce que tu vas imaginer ? Non, j'ai dit « Madame Nine » pourquoi je la vois qui arrive et que c'est une grosse cliente. Enfin « grosse », parce qu'elle achète beaucoup. Sinon, elle est pas tellement grosse. Un peu forte, si tu veux, mais ça lui va bien. Et puis elle, quand elle me prend des laitues, c'est par cinq ou six. Alors, allez zou, je pousse le cri :

« – Laitues, laitues, laitues ! Elles sont bien belles, mes laitues ! L'es-tu, l'es-tu, l'es-tu ? Oui, je le suis ! Je suis contente de mes laitues ! »

Oh, ça par « ezemple » ! Madame Nine ! Boudiou ! Ça fait bien depuis l'An Pèbre qu'on vous a pas vue dans le coin, eh ?… Ah, vous étiez à l'estranger pour suivre votre mari… Où ça ?… Au groin des landes ? Qu'es aco ?…

Oh, coquin de sort ! Mais il est fada, cet homme, il était pas bien au soleil ? Ça, c'est des coups à vous refroidir pour de bon, vé !... Alors je vous en mets combien, aujourd'hui ?... Une ?... Non, moi, vous m'en demandez qu'une, je vous en mets qu'une... J'étais étonnée pourquoi avant, vous m'en achetiez cinq, six, quelquefois sept... Alors quand vous m'avez dit « une », je me suis pensé « j'ai mal entendu »... Mais c'est votre droit, eh ?!... Combien ça fait ?... Ça fait moins cher que d'habitude... Eh !... Ça fait le prix d'une laitue... Eh !... Oui, c'est ça, au revoir, Madame !

Après avoir jeté un regard noir sur sa cliente, qui s'en va, elle dit à sa voisine :

Finalement... en la regardant bien... vu de dos, tu as raison... C'est vrai qu'elle est grosse.

ALLEZ LES ROUGES...

Avant son entrée en scène, on entend le supporter chanter dans les coulisses.

« - allez les rouges, allez les rouges, allez les rouges et noirs ! »

Le supporter, visiblement éméché, entre en scène et s'adresse au public.

« - Quand ma poule m'a plaqué, je voyais tout noir. « All black », comme disent les angliches. Pensez : aucune séparation depuis notre première rencontre ! Autant dire notre première division. C'était pas le top. Alors, je me suis jeté sur les ballons de rouge et, depuis ce jour, je vois la vie en rouge et noir.

(*chantant*) Allez les rouges, allez les rouges, allez les rouges et noirs !

À propos d'angliches, même s'ils nous ont brûlé Jeanne la Pucelle, depuis l'époque où notre Jonny est arrivé, moi les anglais je les aime parce que... à Mayol, il a...

(*Il entonne encore un début de chanson sur un air de Johnny Hallyday :*)

« allumé le feu, allumé le feu... »

Ce type, il me botte, mon pote ! C'est ce que me disait Manu, mon copain des troisièmes mi-temps. Nous, on est comme notre bon président Mourad : on a l'amour de la rade. Et, même s'il est beaucoup critiqué, notre bon président, il a fait les bons choix : il est resté et il a pris Laporte... Bernard Laporte... Manu, je le connais depuis le match gagné par le rugby club toulonnais contre Toulouse. Ce jour-là, je me suis carrément mêlé à leur conversation en chantant (*il fredonne sur l'air de la chanson « Toulouse » de Claude Nougaro*) :

« Oh, Toulouse ! Tu as le blues ! »

Mais dès qu'a retenti le « Pilou-pilou », avant même les premières minutes de jeu, j'étais adopté par tous les fadas et les mordus. Après le match, on est allé fêter ça. Une victoire comme celle-là, tu parles, ça s'arrose ! Moi, je l'ai tellement arrosée que j'ai vomi sur un pauvre policier. Comme disent les copains : « un renvoi aux 22 » ! Ce samedi-là, même les titulaires titubèrent, et les futurs sélectionnés du quinze tricolore s'étaient décolorés au cinquante-et-un unicolore. Ici, les demis n'étaient plus de mêlée et les piliers de bar s'attaquaient aux packs de bière. Oh, quelle fiesta, les enfants ! Tout ce beau monde aux trois quarts bourrés… Quelques-uns se déclaraient fort faits, voire complètement faits. Y'en a même un au mitan, on l'aurait cru au lit, tu sais… Mais à peine, à peine… À peine alité. Toute l'équipe chantait, et vous aussi vous pouvez chanter :

(*il invite le public à chanter avec lui*)

(*chantant*) allez les rouges, allez les rouges, allez les rouges et noirs !

Mais, il y a quelques années, l'équipe dont je me méfiais le plus, c'était pas Toulouse, c'était Clermont. Ces Auvergnats, ils sont tellement radins qu'ils se gardent toujours le ballon pour eux tout seuls. (*il crie*) Égoïstes ! Remarque que, des fois, ça veut rien dire : en coupe d'Europe, ils avaient bien joué, ils s'étaient fait beaucoup de passes mais ils n'étaient pas souvent passés… et on avait gagné.

(il chante à nouveau sur l'air de « chanson pour l'auvergnat » de Georges Brassens:)

« Toi, l'auvergnat, quand tu l'auras. Quand le ballon, tu porteras. Donne-le vite à nos minots… Passe à Bastareaud. »

Mais alors qu'on s'attendait à revoir les Clermontois, en finale du top 14, finalement, on est tombé sur les Castrais… Enfin, rassurez-vous, on les appelle « castrais » par rapport à la ville de Castres, sinon ils sont comme vous et moi… Enfin, vous, je sais pas, mais pour moi : ça va très bien, merci !… Mais, contre Castres, ce fut le désastre. C'est un peu la fatigue et surtout la cocotte qui nous avait faits chocolat… Ça fait rien : ça faisait trois ans qu'on était champion d'Europe et, en plus, on l'a eu, le bouclier de Brennus… et on a chanté tous ensemble :

(chantant) allez les rouges, allez les rouges, allez les rouges et noirs !

Quant à moi, pour les troisièmes mi-temps et à compter de ce jour, je reste toujours en première ligne, jamais à l'arrière. Ma vie s'est transformée ; et, pour mon coup d'essai, qu'est-ce que j'ai pu me mettre ! Maintenant, à chaque fois que les toulonnais sont à l'honneur, je trinque avec eux au milieu des potos, et on reprend en chœur ce refrain qui me touche :

(sortant de scène en chantant) allez les rouges, allez les rouges, allez les rouges et noirs !

NOTE : ce sketch, écrit en 1996, a évolué au fil du temps. Je l'interprétais déjà en janvier 1997 dans le one-man-show donné au café-théâtre de la Porte d'Italie… (voir note complète dans « Note »)

Paroles de chansons

(dont les musiques sont signées « Michèle GARANCE »)

MON CORDON BLEU

Refrain

Mon cordon bleu

Mon corps d'amour

Dans ton feu,

Je fonds nuit et jour.

De chauds collants en chocolats,

J'aime tes rondeurs et tes plats

I

C'est à feu doux que je fais cuire

Cet éternel amour filial

Même si j'ai bien dû réduire

Le vieux cordon, l'ombilical

C'est auprès de mon cordon bleu

Qui me ravit au lit, m'épate

Que je pétris nos jours heureux

Que je vis comme un coq en pâte

(au refrain)

II

Quand nous prendrons de la bouteille

Main dans la main sur nos chemins

Je serai vieux tu seras vieille,

Mais vieille pareille au bon vin

Même avec petit appétit

Par mon vieil appareil en panne

Gourmet j'aim'rais goûter aussi

De ton amour à la tisane

(au refrain)

III

En plus des herbes de Provence,

Tu poivres et scelles notre union

Mon cordon bleu, j'ai de la chance

De m'occuper de tes oignons.

BOUT DE TOI

(Paroles dédiées à notre fille Cynthia)

Ce petit cœur

ce bout de toi

m'a brodé l'âme au fil des mois

Son prénom cousu près du tien

me marque à vie, me marque bien

Bout de Toi

Bout

Bout de Toi

Lit vert et menottes de laine

Couverture à chaleur humaine

Ce petit corps

a soif de tout

et te bouffe sans garde-fou

mais son cœur d'or est fait de soie

en pleurs j'ai peur que ne se noie

Bout de Toi

Bout

Bout de Toi

Lit rose et jolis doigts de fée

gardent sa chambre de poupée

Ce bout de Toi

ce petit cœur

prend ses galons de grande sœur

Ce bout de Toi

ce petit corps

change d'habits et de décor

Bout de Toi

Bout

Bout de Toi

Quand ton amour t'emportera

à la maison

Maman et moi

te garderons

un bout de toit…

JALOUX COMME ÉPOUX

Refrain

Hou hou hou

hou le jaloux

Hou hou hou hou

hou le jaloux

Hou le jaloux comme un pou

Hou le jaloux comme époux

Hou hou hou

hou le jaloux

Hou hou hou hou

hou le jaloux

Si l'on dit « jaloux comme un pou »

Moi je suis jaloux comme époux

Hou hou hou

hou le jaloux

Hou hou hou hou

hou le jaloux

Pourtant rien ne le justifie

mais d'un rien j'entre en jalousie

Hou hou hou

hou le jaloux

Hou hou hou hou

hou le jaloux

I

Pour une erreur au téléphone

pour un sourire que tu donnes

par cet amour de ma moitié

par instinct de propriété

aux yeux d'un gars posés sur toi

J'explose ! et c'est plus fort que moi

(au refrain)

II

Pour ces crises que tu n'sais pas

pour ces doutes quand tu n'es pas là

par la peur de te perdre un jour

par la valeur de notre amour

aux heures qui me séparent de toi

j'implose ! et c'est plus fort que moi

(au refrain)

WEEK-END BY LOVE

Refrain

Ne pleure pas

pars avec moi

Partons faire un jeu

pour un jour ou deux

d'amoureux, d'amoureux,

Partons faire un tour

pour deux ou trois jours

d'amour.

I

Aimons-nous jusqu'à Paris

bergère aux mille folies

Les Champs-Élysées mon cœur

seront pour nous couverts de fleurs

Si tu veux bien que l'on parte

choisis l'endroit j'ai la carte

Abats sur moi tes atouts

près de toi, je joue partout… je joue partout

(au refrain)

II

Aimons-nous jusqu'à Venise

Penchés dans la tour de Pise

Quant aux grands chemins de Rome

pour t'y mener, je suis ton homme

Si tu veux bien que l'on parte

Choisi l'endroit j'ai la carte

Coupons à cœur ma Fanny

Près de toi je suis ravi… je suis ravi

(au refrain)

III

Aimons-nous juste à deux pas

à l'hôtel tout près de là

Où tu n'aies rien d'autre à faire

que de te laisser satisfaire

Si tu veux bien que l'on parte

choisis l'endroit j'ai la carte

Reine de cœur Majesté

près de toi je veux rester… je veux rester

(au refrain)

SDF

Refrain

S.D.F.

Est-ce des façons

De laisser des gens

Sans maison

S.D.F.

Est-ce des façons

De laisser des gens sans maison

I

Ils errent dans la ville

De plus en plus nombreux

Les chômeurs sans asile

Les nouveaux malheureux

Le passant les évite

Sachant bien qu'il ne peut

Donner à tous la p'tite

Monnaie d'un franc ou deux

(au refrain)

II

Le passant qui repasse

Ne les regarde encore

Pour lui ce tas de crasse

S'effac' dans le décor

Excepté lorsqu'il mange

Leur vue lui fait du tort

La misère dérange

Quand elle est là dehors

(au refrain)

III

Le passant repassant

A la mairie s'amène

Il interdit ces gens

Pour une ville saine

Stoppons la répression

Et donnons-nous la peine

De chauffer nos actions

À la chaleur humaine

(au refrain)

L'AMOUR AU CINÉ

Refrain

L'amour au ciné avait dessiné

Ma chambre avec un mur d'étoiles

L'amour ainsi né

Entre destinées

De stars qui sortaient de leurs toiles

L'amour au ciné

Avait dessiné

Ma chambre avec un mur d'étoiles

I

Dans ma chambre j'ai rêvé

D'une cité de Césars

De Fanny jusqu'au Papet

À l'ombre d' I comme Icare

Dans ma chambre j'ai rêvé

D'une ville à mille stars

Dont une au casque doré

Une Française à l'Oscar

(au refrain)

II

J'ai vu l'Amour en anglais

D'une reine Élisabeth

Reine d'Égypte au ciné

Aimée par César-Macbeth

J'ai vécu l'Amour en vrai

Je l'vis encore et grâce à

Celui qui me fait rêver

Ce n'est plus du cinéma

(au refrain)

LA CHANSON CANADIENNE

Refrain

Canada, Canadien

Canadienne

Veux-tu bien, veux-tu bien

Que l'on vienne

Répondre à l'appel des belles voix

De tes sympathiques Québécois ?

Si tu veux, si tu veux

Que l'on vienne

Nous planterons chez toi

La canadienne

I

Au Canada

Si nous avions ta tante

Chez ta tata

Nous planterions la tente

Si tu voulais nous faire ce « p'tit bonheur »

Oncle Félix, ce serait un honneur

(au refrain)

II

Mais si la glace d'un hiver de Vigneault

Nous embarrasse,

Nous louerons un studio

Puis nous irons visiter vos quartiers

Sur la chanson nommant Jacques Cartier *(au refrain)*

III

Quand Reno chante

Sur son « Paris-Québec »

Elle m'enchante

Et je m'envole avec

Plus tard, je monte à bord d'un Charlebois

Sur l'ange ailé vers le ciel québécois *(au refrain)*

IV

Enfin Lemay,

Comme chez la Dufresne

A désormais

Des pieds qui m'oxygènent ;

Mais ce n'est pas en marchant qu'on viendra

Pour dire à Dion et Garou « c'est extra »

(au refrain)

À CEUX QUI EN SONT

Refrain

À ceux qui en sont

Couples de garçons ou de filles

À ceux qui en sont

Coupés du monde des familles

Moi qui n'en suis pas

Je veux chanter cette chanson

Pour ce monde-là

Pour ceux qui en sont

I

Si je plaisante un peu sur vous

Ne crois pas que ce soit sur toi

Quand je plaisante c'est surtout

Et notamment surtout sur moi

Simplement pour rire un bon coup

Et non pour te montrer du doigt

Lorsque l'homme et la femme s'aiment

La belle histoire habituelle

Pas de questions pas de problème

Mais sur vous des langues cruelles

Ne se délient que sur un thème

Celui de votre vie sexuelle

(au refrain)

II

Dans le bonheur que je partage

Avec ma femme et nos enfants

Je suis conscient que ces ménages

Privés du droit d'être parents

Sans petits pieds dans leur sillage

S'en vont fort amoureusement

(au refrain)

III

Malgré cette envie que pétille

Futur grand-père un peu macho

Le vin pour ma petite-fille

Duos d'amour duos d'homos

Couples de garçons ou de filles

Je vous tire aussi mon chapeau

(au refrain)

DÉLIRE EN EXPRESSIONS CORPORELLES

Refrain (la chanteuse)

Délire en expressions corporelles

Délirant tu danses

Encore pour elle

Pour celle qui partage ta vie

Mère amour amante

Et même amie

Délire en expressions corporelles

Délirant tu danses

Encore pour elle

I (le chanteur)

Elle m'a donné sa chair de poule

Et la chair de sa chair me soûle

Avec sa langue bien pendue

Ce bout de princesse aux pieds nus

Préfère quelques œufs de Pâques

Bien cachés dans un cul d'sac

Aux dîners « cuisses de grenouilles »

Du style « coincé » des casse… pieds *(au refrain)*

II (le chanteur)

Je donnerais ma langue au chat

Pour qu'elle ait quelqu'un sur les bras

Un commandé sur l'oreiller

Qui du dedans fera du pied

Qui nous mettra sur les genoux

Tout en nous faisant les yeux doux

Mais même si l'on s'agenouille

Faudrait pas qu'il nous casse les… pieds

(au refrain)

III (le chanteur)

Elle fit des folies de mon corps

Me fit tourner la tête au Nord

Et puis ce Nord je l'ai perdu

Quand elle me mit le feu au… cœur

25

ELLE AIME

Refrain

LMLM

Consonnes de douceur

Elle aime, elle aime

Quand sonne la douce heure

I

Polissonne, elle aime au lit

Enfanter la fantaisie

En me donnant sa leçon

Elle me prend à l'hameçon

Marinière elle aime au lit

Quand sa marée me ravit

Du mat'las elle chavire

Le mat'lot… Le mat'lot

Le mat'lot et son navire

(au refrain)

II

Cuisinière, elle aime au lit

M'alimenter l'appétit

Elle me sert mille mets

Que je déguste en gourmet

Magicienne, elle aime au lit

Me charmer par sa magie

Elle change sans délai

Notre chambre, notre chambre

Notre chambre en un palais

(au refrain)

III

Mélomane, elle aime au lit

Me bercer de mélodies

Et j'écoute les bémols

De ma femme

De ma femme

De ma femme de mon idole

De ma femme de mon idole

De ma femme de mon idole

L'AMI DES BELLES ROSES

Refrain

Merci l'ami des belles roses

Au jardin tulipes et jasmin

Te disent Émile mille choses,

En fredonnant ton doux refrain :

« Je suis l'ami des belles roses

De la tulipe et du jasmin »

I

Émile était un vieux parrain

Mi-breton et mi-marseillais.

Ce cheminot, ce vieux marin,

Même en touriste appareillait.

Parrain, grand-oncle, grand-parent,

Il était vieux mais vieux vivant.

Émile s'étant deux fois marié

M'avait tenu ce grand pari :

« Ma parole de parolier

Que le jour où tu te maries

Je fume plus ! », et, se marrant,

Il soupirait en l'espérant.

(au refrain)

II

C'est en janvier que t'es parti,

En février je me mariais,

Tu m'as fait perdre mon pari.

Blagueur, t'étais toujours partant

À presque quatre-vingt-dix ans.

C'est l'an d'après qu'ils ont marqué

Trois autres noms dans ce parc où

Tu dors en paix. Mais moi, partout,

J'entends quatre cœurs marmonner.

C'est pour protéger un marmot

Que chante un chœur : « mi fa do do ! »

(au refrain)

Note : paroles dédiées à Émile, frère de mon grand-père maternel, et écrites d'après les paroles d'une de ses chansons.

MALHEUREUX COMME LA PIERRE

Refrain

Bien malheureux comme la pierre

Je reviens sans cesse en arrière

Jouant des pierr(e)s de ma prison

Dussé-je en perdre la raison

Dussé-je en perdre la raison

I

Quand je regarde ces deux pierres

Je revois mon père et ma mère

Et mon enfance de malheurs

Jonchées de drames et de pleurs

Je me remémor(e) Madeleine

Et son sort qui cause ma peine

Avec les pierr(e)s de ce placard

J'essaie de sortir du brouillard

(au refrain)

II

Comm(e) pour la soupe que Maman

M'obligeait à manger enfant

Au lieu de prendre la cuillère

Je donne un nom à chaque pierre

Un(e) pierr(e) pour Georg(e)s le faux ami

Qui dans les bois nous a suivis

Un(e) pierr(e) pour le vil contremaître

Qui aurait voulu nous soumettre

(au refrain)

III

Puisque t'as fermé les paupières

Il ne s'appellera pas Pierre

L'enfant que l'on n'aura jamais

Je resterai seul désormais

Je resterai seul désormais

Textes divers dédiés et/ou avec anecdotes

Poème dédié à ma féline, Marcelline, ma bien-aimée.

MA FÉLINE

Ma féline est une panthère

Qui me calme et me désaltère.

L'eau, qu'elle apporte à mon moulin,

Remplit mon cœur d'amour câlin

Et sort mon corps de son mystère.

Elle a chassé ma vie austère

Et « de garçon» que l'on enterre,

Mêlant sa griffe à mon destin,

Ma féline.

Comme un « Persan », elle exagère

Son attitude mensongère ;

Et si son air semble hautain,

En miaulant dans le matin,

Je la connais tendre et légère,

Ma féline.

Poème dédié à notre fils William.

TON MAL SUR MOI

Si j'avais pris ton mal sur moi
Si ce transfert était possible
J'aurais choisi d'être la cible
Et j'en aurais eu moins d'émoi
Si j'avais pris ton mal sur moi

Si j'avais pris sur moi ton mal
Je l'aurais terrassé de rage
D'avoir mis nos yeux à l'orage
Il m'aurait connu animal
Si j'avais pris sur moi ton mal

Sur ton corps, le mal avait pris
En te croyant faible jeune homme
Mais il a fait de toi un homme
Et tu lui as rendu ses cris
Sur ton corps, le mal avait pris

Dès lors, mon fils, tu es vivant
Ta maman reprend son sourire
Et l'on rit de t'entendre rire
Avec plus de force qu'avant
Dès lors, mon fils, tu es vivant

Si j'avais pris ton mal sur moi
Moi qui me sens plein de puissance
Aurais-je eu autant de vaillance
Que toi, mon fils, grand bout de moi
Si j'avais pris ton mal sur moi

Poème dédié à notre fils Sacha.

LES TROIS COUPS

Pour le vingtième anniversaire

Du festival de Cavalaire,

À la ferme de Pardigon

Où l'on vit un grand « Harpagon »,

Je vécus la belle aventure

Dans ce Théâtre de Verdure,

En prenant part à ce cadeau

Pour tirer un coup de chapeau.

Dans la première théâtrale

Donnée en la fête estivale,

En mime au nom de Bill Volu,

Rôle qui m'était dévolu,

Je dansais sur un air magique

Avec Daphné, la romantique.

Mon personnage, haut en couleur,

Semblait avoir un coup de cœur.

À la fin de ces beaux échanges,

Mon épouse et nos petits anges

Étaient venus me retrouver.

C'est alors que notre dernier

Fit sur Daphné sa tête folle,

Joignant le geste à la parole

En un coup de pied au tibia :

« - Tu danses pas avec Papa ! ».

Poème dédié au Docteur ÉTIENNE, notre médecin traitant, qui nous (mon épouse et moi-même) a délivré du virus.

MON POÈME... DE DÉCONFINEMENT

Je m'en irai, les mains vers mes proches levées,

En ce beau mois de mai, de déconfinement.

J'aimerais peindre en vert chaque département

Pour que chaque Français goûte aux joies retrouvées.

Finies l'attestation, les raisons motivées !

Levons l'ancre en ce jour de notre bâtiment

Pour rejoindre un ami, pour revoir sa maman.

Cap sur le réconfort des âmes éprouvées !

Tout en se méfiant de ce maudit virus,

Sans dépasser vingt lieues, sans crainte du blocus,

Débarquons sans fusil sur les sentiers de France !

Applaudissons encor ceux qui nous font honneur,

Ce personnel soignant d'où naît la délivrance.

Que leur futur soit riche en moments de bonheur !

Note supplémentaire : je remercie Arthur RIMBAUD et sa « Bohème », inspirateurs du premier vers de mon sonnet.

Poème dédié à la Dame de La Licorne, qui m'a fait découvrir et aimer le théâtre.

LA DAME DE LA LICORNE

C'est vingt ans avant l'an deux mille

Que j'avais monté, l'air fébrile,

Les escaliers à ce studio

Où j'avais dû paraître idiot.

Il me fallut bien du courage

Pour gravir ce premier étage

Dont le balcon renseignait bien

Cette « école de comédiens ».

Alors j'ai rencontré la dame

Qui me charma par son programme,

Par son théâtre et sa diction

Devenant vite une addiction.

Elle était déjà très âgée,

Mais elle avait telle une fée

L'art de vous emmener ailleurs.

Elle a su nous rendre meilleurs.

Primée au Grand Conservatoire

Dont elle racontait l'histoire

Dans ce studio, place Puget,

Se souvenant de Louis Jouvet.

Et puis La Comédie-Française

Où stagiaire elle était à l'aise,

Mais ses parents ne voulaient pas

De fille actrice en ce temps-là.

En professeur d'art dramatique,

Elle a poursuivi la pratique

En fondant son bel atelier,

En « La Licorne » au port altier.

Dans sa maison de caractère,

Par un joli chemin de terre

Où l'herbe poussait au milieu,

Quelquefois nous allions joyeux.

Pour vous, que l'on prénommait Laure,

J'écris ces vers pour faire encore

L'éloge de votre parcours

Pour tous vos enfants « troubadours ».

Note : c'est en 1981, sous la houlette et la mise en scène de la Dame de La Licorne, que j'interprétais pour la première fois la pièce de théâtre intitulée « Comme la pierre » de Romain Weingarten. À partir de cette pièce de théâtre, j'ai écrit les paroles de la chanson « Malheureux comme la pierre », dont la musique est signée Michèle GARANCE.

IL

Leur « Il »

N'est pas un coin de Terre

Entourée d'eau

Leur « Il »

Fait de son « personnel »

Des personnages

Cet « Il »

À sa part de bavards

Que Dieu la garde

Cet «Il »

Est le nom de Théâtre

De leur compagnie

Note : ce poème est dédié à mes amis de la compagnie théâtrale « IL », compagnie domiciliée dans le « bas Var », à La Garde, en souvenir de quelques ballades que nous avons partagées sur les planches.

Poème écrit en septembre 2006, soit soixante ans après la disparition de Jules Muraire dit RAIMU… (voir note complète dans « Note »).

DE JULES A CÉSAR

Jules dit « Raimu » dort depuis six décennies ;

À l'Opéra pourtant, du port au littoral,

Je sens battre son cœur au souffle du mistral

Et cette illusion calme mes insomnies.

Sa naissance chez moi, dans ces heures bénies

Où l'époque à venir annonçait son moral,

De deux ans précéda le départ magistral

D'un immense écrivain vers le lit des génies.

Il s'agissait d'Hugo, du grand « Monsieur Victor »,

Dont la Star du pays, de sa voix de stentor,

Aurait pu dans « Valjean » se rendre partenaire.

À l'acteur empereur qui conquit l'Alcazar,

Que j'eusse tant voulu « bagnard imaginaire »,

Moi, ville de Toulon, j'offre enfin son « César ».

DE BELLES PALMES HELVÉTIQUES

En exportant la comédie

Que nous jouons en ce moment,

La troupe fut tant applaudie

Que je renvoie un compliment

Aux spectateurs qui, sans tourment,

Ressentaient toutes nos tactiques.

Je leur adresse simplement

De belles palmes helvétiques.

Dans une scène, une étourdie

Allait mentir effrontément

Au cardinal, ô perfidie !

Elle poussa son boniment

Jusqu'à lui raconter comment

Trouver des arbres exotiques

À la montagne et vit vraiment

De belles palmes helvétiques.

Mais cette baronne hardie

Avait raison, finalement,

Puisqu'à Montreux,ville verdie

Par ce « Léman » de diamant,

Notre éminence intensément

Mirait des plantes authentiques

D'où se dressaient, d'un port charmant,

De belles plantes helvétiques.

ENVOI

Public ami du lac « aimant »,

Par la chaleur de vos critiques,

Vous méritez certainement

De belles palmes helvétiques.

Note : poème dédié à tous les membres de la compagnie théâtrale « Le Fenouillet », à son metteur en scène de l'époque, Gérard, et à la ville de La Crau qui, étant jumelée avec la ville suisse de Villeneuve, nous a permis d'interpréter la pièce de théâtre intitulée « J'Y SUIS, J'Y RESTE » de Raymond Vincy et de Jean Valmy en Suisse… (voir note complète dans « Note »).

Note : paroles de chanson relatives à mon roman
« Meurtre au pays du Vautour fauve ».

LE DERNIER VOL DE PAPILLON

Quel vent t'a poussé, Papillon,
Vers le pays du vautour fauve ?
Qui a taché ta robe mauve
Sans décoiffer ton beau chignon ?
Quel vent t'a poussé, Papillon ?

Est-ce le vent de ton passé
D'un qui revint pour te séduire,
Qu'il a bien fallu éconduire
Et qui s'était senti blessé ?
Est-ce le vent de ton passé ?

Quel vent t'a poussé, Papillon,
Vers le pays du vautour fauve ?

Est-ce un vent venu de Paris
D'un haut placé en Politique,
Qui te craignait dans ta critique
Et stoppa net tous tes écrits ?
Est-ce un vent venu de Paris ?

Est-ce un vent de mauvaise foi
D'un fou qui tue,qui vous oppresse,
Pour deux mots parus dans la presse,
Pour un rien, pour n'importe quoi ?
Est-ce un vent de mauvaise foi ?

Quel vent t'a poussé, Papillon,
Vers ce Verdon aux gorges belles ?
Qui peut t'avoir gommé les ailes
Comme on efface du crayon ?
Quel vent t'a poussé, Papillon ?

Notes

Recueil à venir :

Les poèmes et les paroles de chansons feront partie d'un recueil où d'autres poèmes, d'autres paroles et d'autres textes seront quelquefois illustrés par le crayon magique de **Delphine TAILLARD.**

Titre du futur recueil :

« DE MA PLUME masculine A SON CRAYON féminin »

Remerciements et informations :

La pièce de théâtre intitulée « Les neuf coups d'Amii Nuit » est devenue – grâce au talent de Jean-Claude VERDURE, que je remercie – un film d'animation visionnable sur Internet.

Certaines de mes paroles, qui sont devenues chansons grâce au talent de compositrice de Michèle GARANCE (un Grand Merci, Michèle!), sont disponibles à votre écoute sur Internet (recherche à effectuer : chansons de Michèle GARANCE).

Note complète à propos du sketch intitulé « ALLEZ LES ROUGES » : ce sketch, écrit en 1996, a évolué au fil du temps. Je l'interprétais déjà en janvier 1997 dans le one-man-show « DU RIRE AU COEUR » donné au café-théâtre de la Porte d'Italie, à Toulon, avec les deux autres sketchs. Je remercie Daniel PASSITO, alors directeur du café-théâtre, de m'avoir accueilli.

Notes

Note complète à propos de « DE JULES A CÉSAR » :

Poème écrit en septembre 2006, dédié au plus grand acteur au monde, selon les dires d'Orson Welles, à Jules Muraire dit Raimu, né à Toulon et décédé en septembre 1946.

Note complète à propos de « DE BELLES PALMES HELVÉTIQUES » :

Poème dédié à tous les membres de la compagnie théâtrale « Le Fenouillet », à son metteur en scène de l'époque, Gérard, et à la ville de La Crau. La ville étant jumelée avec la ville suisse de Villeneuve, cela nous a permis d'interpréter la pièce de théâtre intitulée « J'Y SUIS, J'Y RESTE » de Raymond Vincy et de Jean Valmy en Suisse. Dans cette pièce, le cardinal dit, incrédule - je cite :

« - des palmiers… En Suisse ? »…

… Et le lendemain de la représentation, l'interprète du cardinal et moi-même (qui jouait le baron), nous nous promenions dans la ville voisine, ornée d'une splendide statue de Freddy Mercury (chanteur du groupe Queen), à Montreux, sous les palmiers.

TABLE DES MATIÈRES

…

TABLE DES MATIÈRES